왜 사느냐고 물으면

靑民 박 철 언 제7시집

도서출판 천우

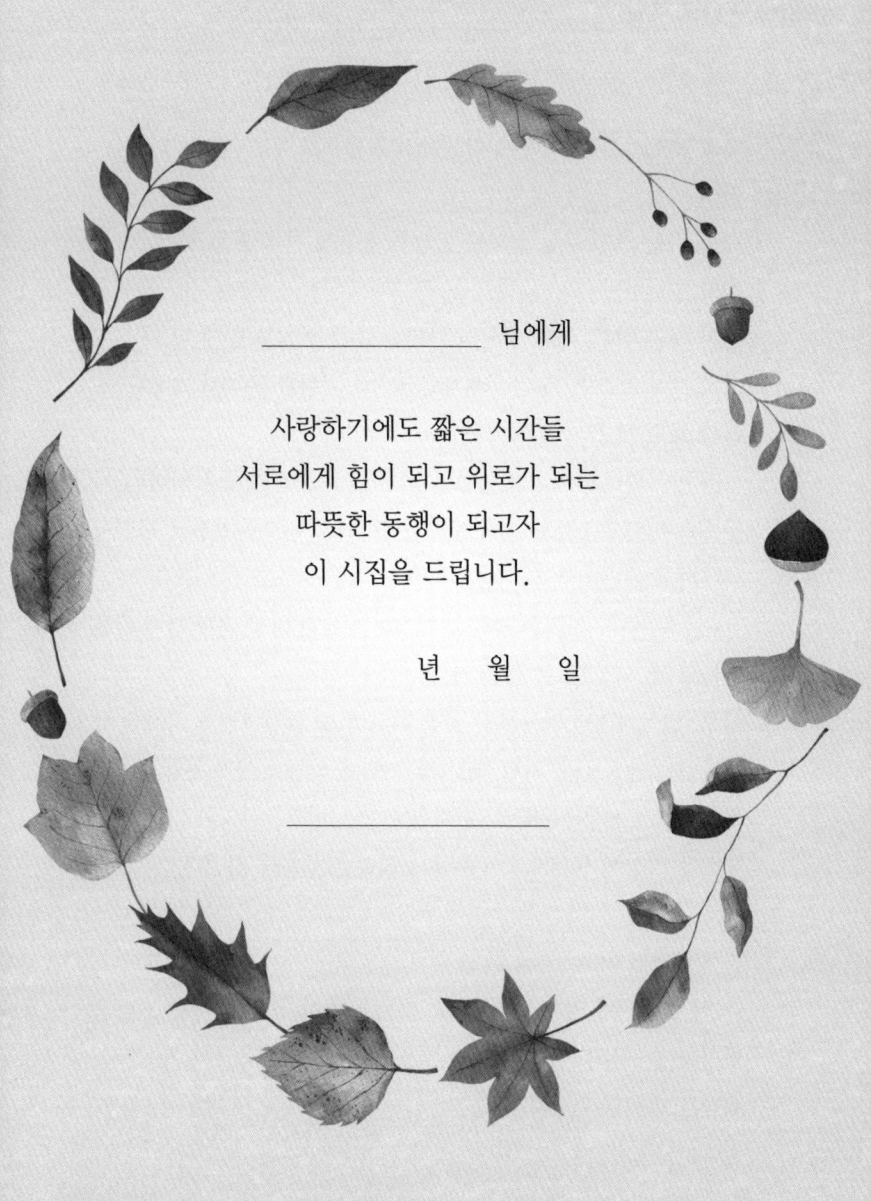

_____ 님에게

사랑하기에도 짧은 시간들
서로에게 힘이 되고 위로가 되는
따뜻한 동행이 되고자
이 시집을 드립니다.

년 월 일

_____

　　고등학교 시절 '청맥' 문학동아리 활동으로 뿌린 문학이라는
꿈의 씨앗!
대학 시절 천재 문인 전혜린 등과의 독문학 서클 활동으로
씨앗의 발아!
검사 생활 이후, 정치 상황의 난기류 속에 위기를 맞게 된 나!
정치 보복으로 한 평 감옥에서의 482일 처절한 몸부림 속에서
옥중 시로 첫 등단이 피운 꽃!

　　정치에 환멸을 느껴 힘들었던 30여 년의 공직 생활을 놔버리고
무소속 야인으로 떠난 미국 보스턴대학의 객원교수 생활을 하면서
너무나 오랜만에 찾은 마음의 평화!

　　순수한 마음, 따뜻한 가슴을 지키려 애썼던 일상 속에 열매 맺은
떨리던 첫 시집 『작은 등불 하나』
이후, 고독하지만 자유로운 삶을 지나며 불 밝힌 4권의 시집들!
지난해 등단 30주년 기념 제6시집 『바람을 안는다』까지 문학의 길로
걸어오면서 윤동주문학상, 김소월문학상, 영랑문학상외 많은 문학
대상을 수상해 문인으로서 누구 못지않은 행운도 있었다.

　　하지만 인생이란 결국 한 줌 재로 소멸되어 가는 허무한 존재이다.
나 역시 머잖아 맞게 될 피할 수 없는 운명이다.
방하착(放下着)!
집착과 번뇌를 버리고

마음을 비우자
그야말로 모든 걸 내려놓고 편하게 살아가고 싶기도 하다.
　그러나 시인이면서 수필가인 나에게 아직 해야 할 일이 남아 있다.
끊임없이 내 삶을 밖에서 안으로 들여다보는 일
또 안에서 밖으로 내다보는 일
그러한 깊은 응시와 성찰 속에서 다른 사람의 삶에도
관심과 사랑을 기울이는 일
대자연과의 대화, 역사와 철학과의 소통, 내 안의 감성과 지성과
영성을 끌어내어 영원히 가슴 울리는 글로 남기고 싶다.

　이제 날카로운 첫 키스의 전율 같은 떨림으로 한 편 한 편 새롭
게 쓴 신작 시 80편으로 제7시집『왜 사느냐고 물으면』을 세상에
내놓는다.
이 시집이 독자들에게 다소나마 공감과 위로를 줄 수 있기를 기대
한다.

2025년 9월
靑民 **박 철 언**

• 작가의 말

01 왜 사느냐고 물으면

• 왜 사느냐고 물으면 __ 13
• 첫 태양의 심장소리 __ 14
• 산다는 것은 놀라운 신비인데 __ 15
• 괴테(Goethe)의 파우스트(Faust)가 주는 교훈 __ 16
• 산아, 푸르른 산아 __ 19
• 아! 안중근 의사 __ 20
• 보통 사람들에게 바치는 노래 __ 22
• 여름밤거리, 꽉 찬 그대 __ 24
• 인연에 감시히며 굳세게 __ 25
• 봄이 오는 소리 __ 26

02 새벽과 아침 사이

• 새벽과 아침 사이 __ 29
• 새 아침을 열면서 __ 30
• 만남과 만남 사이 __ 31
• 시간아 천천히 __ 32
• 아침 뉴스를 보면서 __ 33
• 햇살로부터 __ 34
• 등대 __ 36
• 폭염, 어디쯤일까 __ 37
• 혼돈의 나라, 지쳐가는 국민들 __ 38
• 이별을 서두르지 말아요 __ 40

03 인생은 강물 같은 것인가

- 인생은 강물 같은 것인가 __ 43
- 방황하는 현시대 속에 되살아나는 니체 ! __ 44
- 아름다운 동행, 향 맑은 꽃길 __ 46
- 빈손으로 떠나는 게 인생인가 __ 48
- 늦가을 빗길 산책 __ 49
- 성수대교 가로등 __ 50
- 얼어버린 한강의 노래 속에서도 __ 52
- 긴 산책하며 이별을 생각한다 __ 53
- 9일간의 연휴 __ 54
- 책 속의 숲과 길 __ 56

04 해변의 나그네 삶은 어디쯤

- 해변의 나그네 삶은 어디쯤 __ 61
- 외로워서 걷는다 __ 62
- 동반(同伴)이라는 길 __ 64
- 바다와 벤치 __ 66
- 내게 마지막 노을이 오면 __ 67
- 바다 __ 68
- 문상(問喪) __ 69
- 역대급 폭우의 바다 __ 70
- 아사히카와의 입추(入秋) __ 72
- 나무의 사계절(四季節) __ 74

05 달(月)을 향한 연가

· 달(月)을 향한 연가 __ 77
· 사랑인가 __ 78
· 희망의 별, 꽃이 된 별 __ 79
· 라 쿰파르시타 2 __ 80
· 그 사람은 부재중 __ 81
· 눈(雪) 속에서 피어난 시(詩) __ 82
· 기약 있는 작별이라지만 __ 84
· '의료대란' 의사들에게 호소한다 __ 86
· 우주의 주관자 제우스의 노여움인가 __ 88
· 빛과 어둠의 공존 속에 피어나는 시 __ 90

06 사랑은 눈처럼 왔다가

· 사랑은 눈(雪)처럼 왔다가 __ 93
· 진정한 사랑 __ 94
· 흰 눈 위에 쓰는 시, 사라진다 해도 __ 95
· 절정(絕頂) __ 96
· 어머니 목소리 __ 97
· 칠월칠석의 눈물비 __ 98
· 눈 내리는 날의 독백 __ 99
· 안부 편지 __ 100
· 북해도의 겨울 __ 101
· 공원 벤치 __ 102

07 팔순 잔치는 계속된다

- 팔순 잔치는 계속된다 _ 105
- 저물어가는 또 한 해 _ 106
- 설날의 추억 _ 107
- 가을의 기도 _ 108
- 가장 좋은 건강보조식품은? _ 110
- 현대판 정월 대보름 _ 112
- 노래마다 깃든 절절한 마음 _ 113
- 난청, 사라져 가는 것들 _ 114
- CCTV의 눈동자 _ 115
- 어머니 그리운 내 고향 _ 116

08 큰 스승, 겨울 산

- 큰 스승, 겨울 산 _ 119
- 민족시인 한용운의 빛과 향기 _ 120
- 낙엽의 울음소리 _ 122
- 겨울 산에 밤이 내리면 _ 123
- 수국 _ 124
- 침묵의 가치 _ 126
- 대나무 숲, 직립의 절개 _ 127
- 애완견으로 왔다가 유기견으로 가는 시대 _ 128
- 북해도 눈(雪) 축제 _ 130
- 엄혹한 시대, 민족의 저항시인 이상화 _ 132

에/필/로/그

• 평론가 김왕식

　靑民 박철언 시인의 삶의 무게와 시의 향기 __ 138

• 시인 정해란

　靑民 박철언 제7시집 『왜 사느냐고 물으면』 감상 시 __ 148

01

왜 사느냐고 물으면

왜 사느냐고 물으면

왜 사느냐고 물으면
'보고 들을 수 있으니까'
'걸을 수 있으니까'
'봉사할 수 있으니까'
'글 써야 하니까'
살아야 할 이유는 넘친다

그중 가장 큰 까닭은
'아직 못다 한 사랑이 있으니까'
대답하련다

대나무숲에 서면
꽉 찬 바람 소리만으로도
마음 비워져 맑아지듯
사랑의 뜨락에 서면 서로를 향한
꽉 찬 비움으로 맑아지는 가슴

어떠한 말도 비울 때 비로소
간절한 사랑에 가 닿지 않을까

첫 태양의 심장소리

붉게 뛰는 심장으로 솟는
저 장엄한 원형의 태양

파도도 수평선도 가르고
말갛게 떠오른 저 순수

그 심상으로 외치는
뜨거운 메시지 들리는가

원형의 빛 닮아
따뜻하고 공정한 사랑 베풀어라
얼음장 위에서도 빛나는 희망 잃지 마라
어지러운 시류에도 꿋꿋한 의지로
진흙탕 벗어나 밝은 평화 지키라

새 세상 힘차게 여는 새해 아침
서로의 간절한 마음 모아
진실과 사랑이 넘치는
평화로운 새해가 되게 하소서

산다는 것은 놀라운 신비인데

내 가슴에 눈물 내린다
대지에 비 내리듯
내 마음에 까닭 없이
눈물 흐른다

실연도 분노도 없는데
미움도 배신도 없는데
비가 내리고
이유도 없이
왜 이렇게 가슴이 아픈가

산책길 따라 둘레길 따라
걷고 있는데
산다는 것은 아름다움이요
놀라운 신비인데

괴테(Goethe)의 파우스트(Faust)가 주는 교훈

악마 메피스토펠레스가 신(神)과 내기를 한다
인간이란 주어진 것에 만족하지 못하고 짐승 같은 짓을
일삼는 존재라는 악마
세계를 다스리는 신(神)은 인간이 충동에 사로잡히더라도
마침내 올바른 길을 갈 수 있는 존재라고 한다
평생 학문에 전념하고 있는 파우스트를 유혹하여
계약을 맺는 악마
그에게 세상의 모든 쾌락과 지식을 제공하고
그 대가로 파우스트의 영혼을 가져간다는 것

미녀 그레트헨과 사랑에 빠지는 행복은 잠시 지나가고
악마의 꾐에 속아 어머니를 독살하고
혼전 출산한 파우스트의 아이까지
우물에 던져버리고는 감옥에 갇히는 그녀
감옥에서야 참회의 눈물을 흘린다

죄의식에 빠진 파우스트를
무능한 황제가 통치하는 나라로 데려가는 악마
절세 미녀 헬레나의 유령을 만나
이상적인 사랑을 느끼는 파우스트

신기루에 불과한 헬레나는 곧 사라지고
절망의 늪에 허덕인다

결국 모든 욕망을 내려놓기로 하는 파우스트
폭풍 같은 열정으로 황야를 개척해
가난한 백성들의 농경지를 마련하는데
온 심혈을 기울이는 파우스트

세월이 흘러 파우스트가 죽음에 이르자
악마가 지옥문을 열려는 찰나
하늘에서 내려온 천사가 파우스트를 구원한다

괴테(Goethe)가 60년을 두고 써낸
인간 파우스트의 장대한 드라마
고대로부터 근대까지 3,000여 년의 서양 문화를 아우른다
'인간은 지향(志向)이 있는 한 방황한다'
어두운 충동에 사로잡힌 선한 인간은
바른 길을 잘 의식하고 있다

인간이 점점 더 왜소하고 허약해지는 시대에

인간과 세계에 대한 날카로운 통찰이다
인간이 얼마나 나약하고 불완전한 존재인가를 보여 주는
파우스트의 여정
인간이 변화할 수 있다는 가능성을 강조한 여정
자신의 잘못을 극복하려는 치열한 노력을 기울인다면
인간은 구원받을 수 있다는 것
파우스트의 모습은 우리 모두의 모습이 아닐까

산아, 푸르른 산아

거센 비바람의 외침도
말없이 받아들이는 산

견뎌 보라고
견뎌야 새 세상 온다고
입 다문 채 온몸으로 설파하는 산

나무, 공기, 광물, 나물
모든 걸 아낌없이 내놓으면서도
때론 개발이라는, 산불이라는
생매장에 화형까지 형벌받아도
여전히 생명의 끈 붙잡아주는 산

수많은 사람이 나침반 내밀어도
눈멀어 가는 군중, 혼란한 세상
어서 투명하게 해법을 열어다오
산아, 푸르른 산아

아! 안중근 의사

만주 땅 그 하얀 설원
손가락 끊어 핏방울로 쓴 대·한·독·립
단지동맹, 그 맹세 가슴에 붉게 새긴다

수많은 동지의 죽음 값 대신 사는 목숨
어떠한 두려움도 뚫고 나갈 조국이 준 목숨
늙은 늑대의 검은 심장을 정조준하여
하얼빈역에서 내던진 그 고귀한 투혼

한반도를 발판 삼아 대륙을 침략하려던
허울뿐인 동양 평화를 명중시킨다
이토 히로부미의 급소 세 발
하늘 닿게 외친다 "코레아 우라! 대한독립 만세!"

감옥에서도 존경받던 따뜻한 인간미
'조선인 전체의 공분까지 짊어진 목숨
일제에 구걸 말라'던
어머니의 편지와 하얀 수의가 눈부시다

어둠과 혼돈의 시대에
'하루라도 글을 읽지 않으면
입안에 가시가 돋친다'며
계몽운동과 독립투쟁에 앞장선 안중근 의사
'자유 독립 회복하면 여한이 없겠노라'는 유언과 함께
뤼순 감옥에서 형장의 이슬이 된
대한국 의군 참모총장 안중근
유언처럼 천국에서도 춤추며 만세 불렀는가
아! 죽음마저 당당하게 빛나던
민족의 영웅 안중근 의사

보통 사람들에게 바치는 노래

불타는 태양의 열기 속에서도
살을 에는 겨울의 분노 속에서도
열심히 일하고
검소하게 만족하면서
긴 고통도 견뎌내는 그대들

권력자의 오만보다
부자의 위세보다
더 깨끗하고, 더 아름답게
살아가는 그대들
하지만 우리는 모두 언젠가는 이승을 마감하고
대자연으로 돌아가야만 하리

보통 사람들이여!
불의에 저항하는 용기를 품어
나라를 지탱하는 원동력이 되는
위대한 그대들이여

화려한 대리석 기념비도 두꺼운 자서전도
땀과 눈물로 얼룩진

그대들 일기장보다
오래 가지는 못하리라
진정 위대한
보통 사람들이여!

여름밤거리, 꽉 찬 그대

고독을 벗어나려 밤길 걷다 지쳐
버스정류장 의자에 앉아본다

차들은 저마다 바쁘게 달리고
행인들도 저마다 바쁘지만
그대 없는 거리는 텅 비어있다

길 건너 부동산업소, 제과점, 카페 간판
우두커니 앉아 물끄러미 바라본다
그대는 지금쯤 무얼 할까?
그대 쪽으로만 켜진 나의 나침반

깊어가는 밤, 텅 빈 거리지만
차오르는 그대로, 외롭지만은 않다
그대와의 따뜻한 약속이 있기에
내 마음 품고 잠들 그대가 있기에

잠 못 드는 가로등의 눈빛처럼
그대 생각 깊어져 뒤척이는 여름밤

인연에 감사하며 굳세게

영원히 살 것 같은 착각, 더 가지려는 욕심
행복한 도취도, 숨 막히는 절망의 시간도
삶의 흐름 속에 곧 사라진다는
거부할 수 없는 엄숙한 진실

이 세상에 진정한 '내 것'은 무엇일까
자식도 사랑하는 사람도 친구도
잠시 함께 머물다 가는 인연일 뿐

하늘과 구름 해와 달과 별 바람과 바다
산과 계곡, 숲과 꽃 새들과 함께 살아가는 세상
우리 인생은 얼마나 아름답고 신비로운가
스쳐 가는 모든 사람 모든 인연에 감사해야지

애써 삶을 움켜쥐려 말라
얽매인 삶을 살아갈 이유는 없지 않은가
때로 바람에 흔들리되 꺾이지는 말라
온몸으로 흔들려도 결코 고개 꺾지 않는
억새의 하얀 노래처럼
부드럽지만 굳세게 살아가자

봄이 오는 소리

시들어 가라앉은 무채색 뚫고
연둣빛 싹이 터지는 아우성으로

얼음의 뒤축을 털어낸 강물
다시 힘차게 흐르는 물소리로

빈 나뭇가지만 쌩쌩 오가다가
잎눈과 꽃눈 어루만지려
한결 부드러워진 바람 소리로

긴 동면에서 벗어나
신비로운 두려움으로 깨어난
곤충의 접힌 날개 펴는 소리로

소리 없는 음표로 고여있다가
숨은 새싹들 움 틔우듯
맑은 악기 튜닝하는 새소리로

봄은 소리로도 오고 있었구나

02

새벽과 아침 사이

새벽과 아침 사이

가물거리는 색깔의 기억이
다시 꿈틀거리며 눈 뜨는 새벽

남은 어둠을 쪼아버리려
분주하게 시작되는 맑은 새소리

희미하던 동선이 하나둘 선명해지니
번지는 커피 향 따라 접혔던 생각이 일어서고
입 다물었던 주변 소리도 하나씩 깨어난다

멈췄던 바퀴마다 속도가 깨어나니
햇살도 푸르스름한 공기 가르며
거리마다 건물마다 생기를 뿌린다

소리와 색깔과 향, 속도와 햇살이
도시의 혈관과 맥박 되어
깨어나는 것들로 다시 숨 쉬는 하루

새 아침을 열면서

어둠 속에 웅크린 풍경들이
어슴푸레 깨어나는 여명
그림자도 아직 따라붙지 않은 시간
몸도 마음도 상쾌하게 깨어난다

주름살 없는 밝은 표정의 해처럼
오늘의 표정도 쾌청하게 출렁일까

빛이 열리기 시작되면
가라앉은 소리도, 드물어진 움직임도
다시 생기를 찾아 흐르는 일상
잠든 길이 열리니 향기도 열린다
빵 굽는 냄새, 커피 향까지

산책길 새도, 바람도, 빛 받은 생명들도
새롭게 가야 할 이정표 찾아
바쁘게 하루의 문고리를 연다

마음속 에너지 한껏 당기는 태양의 열정
발길도 마음 길도 이렇게 가벼우니
오늘 하루도 즐겁지 않을까

만남과 만남 사이

아침 이슬 머금은 산책로
발길마다 풀 이슬로 적셔오는 그대

걸으면 아득히 희미해지다가도
가로등과 별빛 외로운 밤엔
더 또렷해지는 그대

밤이 되면 다시 맺히는 이슬처럼
쌓여만 가는 그리움의 시간들

집안 곳곳에도 남아있는 체온
그림자처럼 따라오는 그대
또 다른 내가 되어
온몸에 뭉클, 맥박이 뛴다

문학을 얘기하고 꿈을 짓는 만남
지성 뒤에 숨겨진 야성의 마력
알 듯 말 듯 경계선에 선 그대
깊숙이 들어왔다가 나갔다가
제멋대로 내 마음 저울질한다

시간아 천천히

홀로 보내는 외로운 밤
나와 만나는 소중한 시간

흐느끼는 바람 한숨짓는 갈대
숨 쉬고 보고 듣고
속삭이고 노래하는
모든 것이 사랑스럽다

행복을 주는 이 숭고한 황홀
멀리 날아가 버릴까 두렵다
쉬지 않고 흐르는 시간
하염없이 흘러가 버리는 게 인생인가

날아가는 시간이여 멈추어다오
행복한 시간이여
그 흐름 늦춰 천천히 가다오

어느덧 동터오는 새벽
상념으로 붙들어 두었던 밤이
망각의 바다로 흘러가 버린다

아침 뉴스를 보면서

접힌 채 기다리던 국내외 소식
태평양과 대륙 건넌 활자 냄새로
하루분 뉴스를 펼치는 아침

바빠 머리기사만 읽기도 하고
귀로만 듣기도 하는 TV 보도
눈과 귀로 난무하면서
SNS 타고 번지는 색깔 나뉜 뉴스들
무수한 틈입을 노리는 단톡방 뉴스

감정은 삭제해야 할 어이없는 보도도
치우쳐 부딪히는 시각도 있지만
매일의 공기 흐름과 방향이 담겨
뜨끈한 온도를 지닌 뉴스들

이념, 종교, 경제 전쟁의 처절한 소식
인간이기를 포기한 인간의 소식은 제발 벗어나
평화롭고 따뜻한 소식만으로
하루의 포구를 열었으면

햇살로부터

불그스레한 새벽 미명을 뚫고
수평선을 딛고 솟아오르는 붉은 힘을 보라

사물의 이름마다 하나씩 밝히면서
장엄하게 출발하는 새로운 오늘
아침마다 발랄한 눈빛으로
온몸을 잡아끌어 당기는 너

겨우내 얼었던 땅을 가슴으로 녹였듯
길어진 우기(雨期)로 창백해진 농작물에게
보금자리 잃어 눈물 젖은 동물들에게
축복처럼 햇살 듬뿍 뿌려 밝게 위로해 주길

그늘진 삶엔 더 깊숙이 고개 숙여
오래 따뜻하게 머물고
희미하게 시들어 가는 삶엔
더 넉넉하게 햇빛 내려
싱싱한 호흡으로 활기를 주소서

햇살
꿈이 상처 입은 폐허마다
푸른 희망으로 쑥쑥 자라게 하소서

등대

망망대해로 나가는 길목
어머니의 걱정스러운 눈빛으로
밤바다를 지키는 등대

일기예보를 벗어난 격랑과 태풍이
삶을 난파하려던 순간도
물이 준 상처투성이 몸으로
모두 받아주는 품 넓은 어머니

어둠 속에서 떠나는 뱃길
새들의 비행을 여는 하늘길
어지러운 세상의 방향까지
밝게 알리는 지표

고향집 어머님 같은 긴 기다림
바닷새의 날갯짓 소리와
파도의 끝없는 속삭임으로 달래며
비바람 속에서도 밤마다
생명을 지키는 바다의 눈, 등대

폭염, 어디쯤일까

태양이 불고 있는 풍선으로 뜬 지구
둥근 한증막에 갇힌 숨소리들이
낭떠러지로 구르는 듯한 더위

엿가락 늘어지듯 이탈되는 의식들이
자꾸 허방을 딛는 한낮
빛깔도 속성도 놔버리고 싶어
휘어져 까무러치는 이름들

어디에서부터 엉켜
내려가는 바닥을 잊어버린 걸까
문명이 밟아버린 생태계가 아찔하다

땡볕 폭염으로, 점점
갈 길 어지러운 갈증과 두통
지금은 더위의 어디쯤일까

혼돈의 나라, 지쳐가는 국민들

국가원수의 신병을 놓고 서로 다른 정부조직이 각자
다른 법을 들이댄다
다른 공권력을 동원해 서로 충돌한다
운집한 시위대도 좌우로 분열 극렬대치한다
글로벌 뉴스채널은 무법적 혼란상과 내전 같은 모습을
생중계한다
전 세계 웃음거리 된 최첨단 산업국 대한민국

2년 반 동안 서른 번 탄핵소추안을 제기하고 통치자특
활비를 제로로 삭감한 거야(巨野)
상대를 설득할 의지도 능력도 없는 통치자는 비상계엄
령이라는 국가적 비극을 연출한다

상대방을 벼랑 끝까지 몰고 가는 증오와 적대의 정치
서로 죽고 죽이려는 공멸의 싸움, 막장정치
정쟁의 늪에 빠져 민생과 경제를 내팽개치고 있다
파국적 갈등이 두렵다
대한민국이 위기에 빠졌다

혼돈의 나라, 지쳐가는 국민들은

진실하고 끈질긴 소통으로 양극단과 불합리를 슬기롭게
극복하는 정치 지도자를 원한다
비전과 지혜로 공존 가능한 경쟁을 하는 현명한 지도
자를 갈망한다

아! 피와 땀과 눈물로 현대사의 기적을 이루어낸
대한민국이여!

이별을 서두르지 말아요

떠나가는 뒷모습 보기 힘들어
바람처럼 먼저 떠나려는 님이여
사랑이 흔들리는 듯하다고
이별을 서두르지 말아요

곱게 핀 꽃도, 푸르던 나무도
다정한 풀벌레도, 지저귀는 새들도
어느 가을날처럼 떠나가기 마련입니다
살아 흐르는 모든 이름은

나도, 그대도
대자연 속 한 줌 흙으로
언젠간 사라질 텐데
님이여, 제발 서두르지 말아요

그대가 나를 먼저 떠나더라도
나는 님을 결코 보내지 않을 거예요
내 사랑은 한 줄기도 사라지지 않고
영원하기 때문입니다

03

인생은
강물 같은 것인가

인생은 강물 같은 것인가

인생은 쉼 없이 흐르는 강물인가
밝은 재잘거림 속에서도
묵묵하고 도도하게 길 떠나는

출발은 여린 물줄기이지만
길과 길이 만나면서 굵어지듯
흐를수록 넉넉해지는 강물 같은 것

하늘 닮아 언제나 담담한 표정이지만
중생의 온갖 상처 삼켜
속울음으로만 뒤척이는 강물

삼라만상 다 읽는 먼 하늘만이
유장한 흐름 속에 타는 속마음을 아는 걸까

흘러만 가는 강물이여 인생이여

방황하는 현시대 속에 되살아나는 니체 !

19세기 중반에 태어나 20세기가 밝아오자 떠난
독일의 천재적 철학자 니체가 남긴 말
'우리들은 영원한 무(無) 가운데 떠돌고 있다'
'인간의 육체는 커다란 이성이며, 정신은 작은 이성이다'
'기독교 도덕이란 존재하지도 않는 가치를 강요하는 것이다'
'현실적으로 현대인의 절대가치는 돈과 이윤이다'
'지금의 도덕에 대한 의문이 세계를 석권하게 될 것이다'

기독교적 도덕이 지나치게 내세적(來世的)이라고 비판한 니체
종교가 신(神)이나 사후세계, 무한성의 도덕적 잣대를
피안(彼岸)에서 구하는 것을 비판하고
진리, 선(善), 인간의 도덕, 삶의 철학에 절대가치를 두던 그

유물론자, 이상주의자, 극단적 개인주의자로서
피안의 염원으로만 머무르는 막연한 내세적 잣대를 벗어나
현실에 바탕을 둔 도덕을 이성적으로 추구하고 실천하여
초인(超人)에 이르러야 한다는 초인사상
죽어버린 무력한 신(神) 대신
현세에 구현되는 새로운 신을 찾는
초인사상을 고취했던 프리드리히 니체

'이 세계는 권력에의 의지이다. 그 이외의 아무것도 아니다.'
'스스로의 이성으로 사고하는 생생한 체험을 통해
스스로 자극과 영감을 받는다'
'지금 이 인생을 다시 한번 똑같이 살아도 좋다는 마음으로 살라'

비록 생명 의지 속에는 권력의지 이외에
소중한 사랑의 의지가 있음을 깨닫지 못했지만
핵심을 찌르는 그 날카로운 통찰력
방황하는 현시대에 한 줄기 빛으로 되살아나는
열정적 천재 시인 철학자 니체!

아름다운 동행, 향 맑은 꽃길

이른 봄 공원 벤치에서
내 사랑과 나 처음 만났지요
예쁜 눈, 오똑한 코, 긴 머리
지적인 분위기 너머 잠든 야성
우아한 모습으로 말없이
책을 읽고 있었어요
내 가슴에 단번에 파고든 그대 영혼

아무 말도 건네지 못한 채
한 계절이 흘렀지요
드디어 떨림 모아 고백 했어요
─둘이 따로 만나 하나가 되어
외로움과 긴 방황 끝내고 싶다 ─ 고

며칠 후 그대 답신, 날 흔드네
─그대 날감정 내 가슴 파고들어
호흡과 맥박 맘대로 조율해요
그대 내 가슴에 피어나는 꽃
나 그대 가슴속 떠오르는 별

타는 불꽃 되어 쓴 시
그대 가슴에 걸었어요―

서로의 가슴 깊이 묻은 마음 꺼내니
비밀의 정원에 가득 핀 장미꽃
내 사랑과 나, 아름다운 동행
향 맑은 꽃길 영원히 걷고 싶네

빈손으로 떠나는 게 인생인가

앞만 보고 열심히 살았는데
후딱 지나간 세월
치매, 골절, 심근경색으로 떠나는 친구들
이제 좀 살만하니 떠날 시간이라니

천년만년 살 것처럼
돈과 권력, 명예를 추구하지만
떠날 때는 빈손으로 떠나야만 한다
한 잎의 무게도 놔버리는 겨울나무처럼

즐거운 여행도 하고
더 좋은 글을 쓰고
더 많이 사랑도 베풀고 싶다
오늘을 생애 마지막 날로 생각하고
후회 없는 삶을 살고 싶다

밤하늘 북극성 오늘따라 반짝인다

늦가을 빗길 산책

간밤부터 계속 몰아치는 비바람에
마스크, 장갑, 두툼한 옷으로 무장하고
우산 쓰고 나선 아침 산책길
외롭지만 걸을 수 있어 행복하다

비에 젖어 널브러져 쌓인
플라타너스, 은행, 느티나무 잎새들
바스락 신음조차 삼켜야 하는
낙엽들을 밟는다. 무심코

늦가을 비가 눈으로 바뀐다는 예보
사나운 겨울이 몰려오려나 보다
강추위에 떨며 지새우는 긴 겨울밤
쪽방촌의 검푸른 얼굴들이
가슴속으로 파고든다
밟히는 낙엽처럼 소리칠 수 없는 아픔이

성수대교 가로등

달빛 넉넉히 받으면서
성수대교에 뜬 가로등
무너진 아픔 딛고 다시 우뚝 서서
고고한 이름으로 빛을 쏘는구나

대화도 타협도 없는 양날
사생결단으로 국태민안(國泰民安)은
공염불이 된 혼탁한 세상사
나라와 국민이 위태롭다
표정도 말도 잃은 채 가로등 불빛은
어둠 속 강물 따라 출렁이고
달빛은 강물 따라 교교하게 흐른다

강물이 품은 수많은 물줄기처럼
품고 흘러가야 할 세상사
때로는 오염수도 때로는 불어 넘쳐도
함께 안고 가는 저 한강을 보라

오염도 과욕도 씻고 덜어내
스스로 깨끗해지면서 함께 흐르라는

강물의 가르침을 비추는 불빛
어두워지는 미로를 밝히는 불빛
잠들 수 없는 밤, 그 가로등

얼어버린 한강의 노래 속에서도

시베리아 북풍 냉기로
얼음 두께만큼 흐름이 가라앉은 한강

물결무늬도 그대로 얼어붙은 곳
귀한 겨울 햇살 밝게 비추니
어느 때보다 반짝이는 빙점

수심 깊거나 흐름 세찬 곳에선
얼지 않은 강의 비늘이 파닥거리니
먹이 찾는 청둥오리의 푸른 목이 바빠진다

얼음 갑옷을 입은 겨울 강이지만
먼 길 찾아온 물새들의 먹잇감은
흐르는 강물로 열어두고 있었다니

얼어버린 강물의 노래 속에서도
생태계는 탄탄하고 싱싱하게 흐르는구나
나목 속에서도 봄은 움 틔울 준비로 바쁘듯

긴 산책하며 이별을 생각한다

진초록 향연 속에 넝쿨 장미는 화려한데
후덥지근한 긴 아침을 걷는다

독선과 집착으로
자주 가슴 아팠어도
지난날은 아름다웠다
이제 태양은 빛이 바래고 만남은 시들해졌다

우물 속의 유영보다
바다를 지향하고
골목 놀이보다 광야에서 노래하고 싶다

조각난 심상 붙잡고
아쉬워하기보다는
서로가 해방되자

사랑과 이별 사이는 방황뿐
텅 비운 마음으로
신선한 울림을 노래하자꾸나

9일간의 연휴

설 명절 기나긴 9일의 연휴
경제와 관광 살리려
임시공휴일과 연차까지 써서
20년 만의 황금연휴라나

부모님 안 계시니 고향은 너무 멀고
북새통이라 해외여행 떠나기도 주저되고
가족들과 계속 함께하는 것이
차츰 지루해지는 긴 연휴

젊은 날이라면 일과 일 사이에서
생기로 반짝였을 금빛 연휴
은퇴 후라 연속되는 쉼 속에서
낡은 타이어처럼 활기 빠진 흙빛 연휴

늘어진 시간 속 우려내어 반복되는
TV 뉴스와 프로그램들
책 읽기와 글쓰기도
무채색 그늘로 바뀐 권태로운 시간

남은 세월이 길지 않은 사람에겐
황금연휴에 발 빠르게 움직이는
싱싱한 청춘이 부러울 뿐
꿈에 부푼 생각들만 하릴없이 뒤척인다

책 속의 숲과 길

책 속엔 숲이 있다
일렁이는 초록 소리 가득 품고도
바람 방향에 귀 기울이는 나무들의 지혜로
고요한 가르침을 주는 숲

힘들고 지친 영혼을 위해
피톤치드나 그늘, 바람도 키워내고
계곡이나 옹달샘도 숨겨둬
서서히 치유가 일어나는 곳

숲의 정령 불러 축제 맘껏 즐겨도
신령스러운 기운 오롯이 담아
훗날 소리 없이 제각각
책으로도 떠나보낼 줄 아는 숲

책 속엔 길이 있다
평탄한 길, 서러운 길, 위험한 길,
기쁜 축복의 길, 끝없는 미로까지
가다 보면 저절로 깨우쳐지는 길

과거로 가는 역사 깊이 들여다보면
미래로 가는 길까지 내다보인다
수많은 나침반을 품은 책 속엔

04

해변의 나그네 삶은
어디쯤

해변의 나그네 삶은 어디쯤

아득한 수평선 너머로 떨어지는 해
찬란한 슬픔 품고 아름답게 누운 석양
가냘픈 바닷새 무리 지어 해변을 노닌다

캘리포니아 말리부(Malibu) 해변
삶의 무게를 벗고 맨발로 걷는 시간
피곤한 길손의 가슴은
텅 비어 버린다

구름이 멀리멀리 떠나가고
파도가 쉼 없이 밀려온다
불어오는 바람은
오염된 세속을 씻어준다

새로운 태양이 솟아오를 내일
구름도 바람도 다시 오리라
외로운 나그네
어디쯤 가고 있을까

외로워서 걷는다

비가 온다 예보와 달리
오가는 사람들
구경하면서
혼자 걷는다

버스 정류장에서 잠시
비를 피한다
오르내리는 승객들 표정
재미있다 조금은

비 맞으며 걷다 보니
건물과 나무의
색깔과 표정에
생기가 돈다
내 몸에도 기운이 번져
그 풍경 푸르게 열린다

커피숍에 들른다
혼자 마시는 커피
괜찮다 그런대로

외로워서 다시 걷는다
걸을 수 있어
행복하다 그래도

동반(同伴)이라는 길

운명 같은 한 사람을 만난다는 건
스쳐 지나가는 무수한 바람결이지만
깊은 파동만 꽃봉오리를 터트리는 것처럼
가슴에서 일어나는 생명의 신비 같은 것

그런 인연으로 만난 우리
서로의 성(城)에 품은 미지의 세계
열어갈수록 넓어지는 지평에
새롭게 접속한다

늦가을 황혼 녘 나무에 깃든 문양처럼
서로의 인생에 깃든 문양을
들여다보는 것
서로 마음을 나누고 생각을 넓혀 가면서
또 다른 사유의 태동과
공감의 심박수 함께 들으면서
서로의 닮음과 다름을 알아가는 것

각자의 걱정과 아픔이 궁금하고
어떤 시공 속, 무슨 생각을 하는지 궁금해서
늘 마음의 귀를 열어둔다

말하지 않아도 이해해 주길 바라고
요구하지 않아도 바라는 것을 알게 되는,
고유의 색깔을 지켜 각자의 길을 가면서도
호흡과 눈길과 감정까지 닮아가는 길

바다와 벤치

망망한 바다
먼발치에서 붉은 등대 바라보는
해변의 벤치 하나

고기잡이 나간 가족 기다리며
애태우며 기도하는 자리
떠나버린 연인과의 추억 따라
그리움이 파도 되어 밀려오는 자리

비바람 부나 눈이 오나
사계절 내내
망망한 바다
잊을 수 없는 그 벤치

내게 마지막 노을이 오면

내 인생의 석양
타들어 가는 마지막 노을이 오면
힘들고 아팠던 긴 여정 끝자락에서
회한의 눈물은 흘리지 않으련다

왠지 불안했던 황홀경의 첫 키스
꽃도 향기도 사라진 황량한 들판에
꿈속처럼 찾아온 화사한 봄빛을
두 손 모아 그대에게 바쳤던 추억

잊을 수 없는 내 마음의 보석
두근거리던 그 추억들 불러
여유로운 미소 속에
평안하게 떠나고 싶다

내 인생의 석양
타들어 가는 마지막 노을이 오면
사랑하는 사람을 그리워하며
고요히 이별의 노래를 부르련다
그대의 가슴 깊이 가닿을 노래

바다

고요한 듯 끊임없이 뒤척이는
정중동(靜中動)의 흐름 속에
밤낮으로 뒤척이는 눈동자

모든 걸 채워주는 생명의 곳간이다가
모든 걸 삼켜버리는 어둠이다가

태양과 지구와 달이 시로 당겼다가 놨다가
그 인력(引力) 따라 밀물과 썰물은
출렁이는 그리움이 되었다가
모두 비운 무소유가 되었다가

하늘의 뜻까지 읽어내는
바다, 우주의 깊고 푸른 눈

문상(問喪)

길의 끝에 닿은 그가 본 건
벽이었을까 낭떠러지였을까
하늘이었을까

검은 상복들의 슬픔을 바라보며
그의 빈자리에 3일간의 수명으로 꽂힌 국화꽃
망자의 체온은 어디에도 없는데

숙연한 눈빛의 조문객과 유족들
떠난 이를 위한 기도와 위로와 연민 사이
한 마리 하얀 나비로 날아오른
영혼의 마지막 날갯짓

나비의 유언은 끝내 풀지 못하고
잠시 만났다가 헤어지는 인생길
남은 건 무엇이고 남길 건 무엇인가
하늘의 시선도 그 경계에서
흐릿해진다

역대급 폭우의 바닥

바닥이 흔들린다 뿌리가 뽑힌다
이 극한 폭력이 어디까지일까

산사태로 토사가 한꺼번에
온밤을 덮쳐오는 횡포
벽이 사라져 가구가 떠나가니
기둥만 덩그러니 남은 집

길들이 하나둘 사라진다
도로도 다리도 통신도 끊긴 황톳빛 고립
차가 둥둥, 온갖 생명의 울음이 둥둥
이승에서의 수많은 인연마저 끊어내다니

물도 물에 놀라 흐름이 엉키니
물속으로 자꾸만 먹혀들어 가는
역순환의 하염없는 소용돌이 속에
폭우 끝나기 무섭게 폭염이 겹치니
우주도 놀라 할 말을 잊었을까

바닥까지 뒤집힌 삶 일으켜 세워
끝없는 상실 어서 지우고
새 희망의 푸른 길 다시 열어주소서

아사히카와*의 입추(入秋)

홋카이도 중심부 진초록의 대평원
장엄한 서곡을 품은 구름들이
작열하는 햇살을 삼켜서일까
높아지기 시작한 파란 하늘
아사히카와에 가을이 오는가

폭염과 폭우 피해 떠나온
길손의 지친 심신도
가을 속으로 걸어 들어간다

가벼워진 걸음으로 찾은
미우라 아야코* 기념문학관
빙점(氷点)은 여전히 투명하게 눈뜬 채
여행객을 응시하며 말을 건넨다

77년 평생 병마와 싸우면서도
평화와 사랑을 강조한 100여 권 작품
인간의 원죄와 용서를 외치는 절절한 목소리

가을의 문턱에서
가슴으로 스며든다

*아사히카와 : 북해도(홋카이도) 중심부의 도시
*미우라 아야코 : 일본의 베스트셀러 『빙점』을 쓴 저명한 여류작가

나무의 사계절(四季節)

강추위 이겨낸 곳마다 움트는 봄
잎눈도 꽃눈도 발그레 열고
얼어붙은 표정마다 온기를 나눠준다

출발하는 마음 단단한 힘 길러가라고
이파리에 불어온 바람으로 응원해 주려
끊임없이 하늘거리는 연초록 수신호들

날 선 폭염 속에서도
지치고 힘든 이에게 시원한 그늘 내줘
가쁜 호흡 내려놓고 쉬게 한다

꼭대기까지 물들어 가는 가을
열매까지 모두 내주는 모성(母性) 너머
가슴으로 쓴 붉은 편지
그대 읽어 보았나요

모든 소유 놔 버린 채 열린 문 굳게 닫고
원형의 나이테 마무리 짓는 겨울
새로운 생명의 눈 틔우려 혹한을 견뎌 내는
위대한 어머니를 봅니다

05

달(月)을 향한 연가

달(月)을 향한 연가

차오르는 마음 담아
그리움이 되었다가
사그라지는 마음 담아
외로움이 되었다가

스러져 가는 빛의 아픔에도
차오르는 빛의 설렘에도
그대 미소 닮은 그윽한 표정으로
매일 밤 따라오는 달

흐린 날씨나 바쁜 일정으로
널 놓친 밤도 있지만
언제나 꿈속까지
온화하게 떠오르는 너

윤기 잃은 삶 한가운데
어둠 속에서도
생기와 희망으로
고요히 빛나니

이미 축복이다
날마다 그리움이다

사랑인가

숨결마다
시(詩)로 불어오는 그대

그대 맘이
내 맘인 줄 알았는데
병 주고 약 주고

내 맘이
그대 맘인 줄 알았는데
약 주고 또 병 주고

꺼낼까? 묻을까?
두려운 내 마음

그대 맘 깊은 곳
내 마음 묻으니
내 맘 깊은 곳
그대 마음 묻어 주오

부는 바람마다
시(詩)가 되는 그대

희망의 별, 꽃이 된 별

희망과 용기를 주는 밤하늘의 별
가슴에 별을 품고 사는 이여
그대 어디에서든 방황하지 않으리니

별이 빛나는 밤
어둡고 아득한 거리에서
유년의 그리움 하나둘
별이 되어 반짝이는 걸까
별빛에 보이는 그리운 연인의 미소
떠오르는 추억마다 다가오는 사랑

여름 산책길에 드물게 핀 보랏빛 도라지꽃
영원한 사랑을 다짐하던 별이 떨어진 걸까
겨울 산책길에 외롭게 핀 하얀 동백꽃
기다림에 지친 순결한 사랑이
별로 떨어져 피어난 걸까

꽃이 된 별들은 밤마다
하늘로 떠오르길 꿈꿀 텐데

라 쿰파르시타 2

장맛비 뚫고 부는 바람이
나무의 온몸으로 파고드는 날

멈출 줄 모르는 바람 따라
나무들이 한나절 추는 춤
은밀한 속삭임으로 사뿐히 감겨오는
비에 젖은 환희의 음악 소리
견딜 수 없는 사랑에 빠져들면
냉기로 갈라놓는 장맛비의 카리스마

바뀌는 멜로디로 다시 하나 된 둘
조였다 풀었다 당겼다 났다
우아하게 뜨겁게 몸 맡기는
더 현란해지는 탱고, 라 쿰파르시타

자연 속에 흐르는 음악과 춤
그 속에 흐르는 그대와 나
삶은 이토록 아름답지 않은가

그 사람은 부재중

전화 신호음에도, 카톡에도
대답이 사라진 그 사람

어디쯤일까? 무슨 일일까?
안갯속 걱정과 궁금증이
내 시간의 발목을 붙잡고
명료한 사유를 헤집어 놓는다

애타는 흐름으로 뻥 뚫린 시간
마디마디 불어오는 황량한 바람
어디에도 닿지 않는 그 부재에
사막을 이리저리 배회하는
나그네새의 하염없는 날갯짓

아무리 노크해도 열리지 않는
여전히 부재중인 사람
왜 이리 지상은 텅 빈 채
왜 이리 하늘은 파란 건지

눈(雪) 속에서 피어난 시(詩)

펑펑 하얀 눈 내리면
어김없이 설레는 가슴

온누리가 백색 고요에 빠지면
맑아진 영혼의 이랑마다 사랑이 싹터
눈 내리는 날엔 하나로 만나는 우리
어느새 피어나는 한 편의 시

밤 깊어 갈수록 눈도 깊어 가고
사랑도 깊어만 가는데
여전히 먼 곳에 머무는 그대
아픈 그리움, 타는 목마름

눈과 함께 돋아난 사랑의 싹
시(詩)로 피었다가
눈 그치면 떠나는 사랑
긴 아픔의 흔적만 남긴 채
후딱 떠나는 눈 같은 그대

영원할 수 없는 사랑임은 알지만
눈 내리는 동안만은 시인이 되어
눈 속에 함께 머무르며
아낌없이 사랑하고 싶다
비록 다른 공간일지라도

기약 있는 작별이라지만

함께하던 시간을
문 닫는다는 건
다시 만날 작별이라지만
왜 이리 아쉽고 서운한지

커피 향이 음악 따라 흐르는 창밖
노을 지는 풍경의 짧은 황홀함도
우산 쓴 빗길 걷게 될 염려도
서로의 감정과 깊은 생각을 나눈 시간도
모두 남겨두고 떠나야 하는 시간

헤어짐이 못내 아쉬워
돌아서던 발길 되돌린다
그대 눈빛 깊게 담아두려
솔향 같은 그 체취 길게 스며들게

그대 없는 길을 걸어도
몸과 마음 곳곳에 넝쿨 뻗는 그대
텅 빈 정원 거닐어도
발길마다 꽉 찬 그대

다시 만날 약속을 믿지만
바로 돌아서지 못하는 것은
내가 그대이고, 그대는
또 다른 나이기 때문인가

'의료대란' 의사들에게 호소한다

정부의 의대 대폭증원 발표에
전공의 집단 사직과
의사집단의 대대적 진료 거부
군의관 공보의 파견 땜질에도
응급의료체계마저 무너지고 있어
귀중한 인명들이 절규하고 죽어가는 의료대란 사태

의사들의 수도권 집중과 비인기 전문의 기피
비수도권의 의사 부족
수련병원의 저임금 전공의 과도의존 문제
20여 년간 한 명의 의대 정원도 늘리지 못했으니
고령화 선진화 시대에 부응하여
의료개혁이 불가피하다는 정부 입장

어려운 입학 힘든 수련과정 마친 기성 의사들이
기득권의 손상을 입는다는 피해의식
교수와 시설 부족으로 교육 부실해지고 의사 질 저하되어
국민이 피해받는다는 의사집단의 주장도 이해할 만해요

그러나 의사들이여!
의사라는 직업은 그대들 이익 위해 있는 것이 아니라
국민의 생명건강 위해 존재한다는 것을 잊지 말아요
법조인 수를 법조인이 결정하는 것이 아닌 것처럼
의사의 수를 의사들이 결정하려 해서는 안 되지 않을까요

의사들이여!
의사는 환자의 안녕을 최우선으로 생각하여
최선 다해 치료해야 한다는 히포크라테스 선서를 기억해 주오
국민의 생과 사를 지켜주는 그대들이여
당신의 손길을 애타게 기다리는 자리로 돌아오소서

우주의 주관자 제우스의 노여움인가

독수리의 눈과 날개로
하늘과 대지의 기운을 열어
햇살과 바람의 길을 미리 내는 제우스

번개와 천둥을 통제하고
정의와 운명의 열쇠 쥔 신들의 왕 제우스가
인간의 자연 파괴로 노여움에 찼을까

사계절이 흔들린다

공기질 자꾸만 흐려지는 봄
폭염, 폭우로 생사를 넘나드는 여름
끝 모를 더위로 너무 짧아진 가을
폭설의 무게가 켜켜이 목을 쥔 겨울

대자연을 짓밟아 온 문명의 속도에
생태계가 곳곳에서 지르는 비명
별처럼 깜박이다 사라지는 좌표 잃은 삶들

신들의 왕이시여
어처구니없게 놓쳐버린 아픔을 성찰하고
우주의 대자연을 경외하게 하소서
인류의 새로운 걸음걸이 이끌어 주소서

빛과 어둠의 공존 속에 피어나는 시

소라 빛 하늘가 흰 구름 몇 조각
마음 곳곳을 환히 밝히는 낮
사위(四圍)가 캄캄한 어둠으로 덮여
마음도 저물어 문 잠근 듯한 밤

날카로운 이성이 빛나는 낮
신비로운 감성이 눈 뜨는 밤

현실 세계가 눈부신 낮
환상의 날개 맘껏 펴는 밤

낮과 밤, 이성과 감성
빛과 어둠, 현실과 환상
무수히 경계를 넘나드는 인생

두 세계를 함께 보는 사유 속
등성이를 오가는 해와 달처럼
서서히 피어오르는 詩

06

사랑은 눈처럼 왔다가

사랑은 눈(雪)처럼 왔다가

눈이 내린다
목마르게 기다리던 그대가 오나 보다
나비처럼 나풀나풀 다가오는 사랑

펑펑 내리는 하늘의 천사가
끝없이 펼치는 순백의 세계
맑은 영혼과 만난 뜨거운 열정
사랑의 기쁨이 용솟음치며 쌓이면
세상은 온통 아름다운 숨결이다

새로운 햇살로 녹아가는 눈
소리 없는 슬픈 잔해들
사라질 수 없는 사랑의 상처인가

수천 송이 날개로 스며 들어
잠시 행복을 소복이 채워주고
긴 흔적 남기고 훌쩍 떠나는
사랑은 흰 눈 같은 것인가

진정한 사랑

가치 있는 인생은
조화와 균형이
깨어지지 않는 삶이다
소진(burnout)된
인간은 더 이상
그 무엇도 실현할 수 없다

사랑이란
진정한 사랑이란
상대에게 가장 좋은 것을
주는 것이다
피곤에 지친 상대에게
새로운 영감을
영감을 주는(inspire) 것이다

흰 눈 위에 쓰는 시, 사라진다 해도

처마 밑 고드름이
바람도 베어낼 듯 주렁주렁
그대 향한 그리움은
송이송이 시가 되어 눈으로 펑펑

모닥불 앞 우리의 혈관 따라
별빛도 두근거리며 흐르는 밤
흰 눈 위에 쓰는 시가
슬픈 사랑의 뒷모습처럼
흔적 없이 사라진다 해도

눈보라 치는 겨울밤
함박눈 맞으며 그대에게 가고 싶어요
켜켜이 시린 가슴 그대 품에서 녹여
세월의 시린 뎇까지 잊고 싶어요

다시 온 모진 한파 이겨내고
봄날의 귀한 꽃 향 깊게 품고 싶어요

절정(絕頂)

떨어지기 직전
고운 단풍의
숨죽인 순간

수확 직전
오곡백과 빛나는
풍성한 늦가을

해지기 직전
눈물겹도록 아름다운
노을이 누운 하늘

귀천하기 직전
시인의 절정은
어디쯤의 무엇일까

어머니 목소리

지금도 어머니가
기다리고 계시던
고향의 그 모습이 생각난다

곱게 화장하고
깨끗하게 차려입고
짭짤한 갈치구이에
보글보글 된장찌개 준비하고

바쁘더라도
늦게라도
꼭 들르라고
전화하시던 그 목소리

아직도 생생한
어머니 목소리

칠월칠석의 눈물비

애타게 그립지만
함께할 수 없는 운명
견우와 직녀에게 허용된
1년에 단 하루의 해후

까치와 까마귀가 만든
애절한 사랑의 오작교
묶인 채 커가던 두 그리움
다시 만난 사랑의 기쁨이
행복한 눈물비로 내린다

작열하는 더위 속
그대 생각 간절한 아침
홀로 걷는 산책길
흐르는 땀과 눈물

칠월칠석의 산책은
가슴 아리는 눈물길이다.
1년에 하루만이라도
세상의 굴레 벗고 싶어
안타까운 눈물비로 흐른다

눈 내리는 날의 독백

고요해진 먼 하늘이 하나둘 눈뜨니
송이송이 나풀거리는 눈발이
밝은 빛으로 깨우는 새벽

시야에서 멀어져 간 하늘이
계절마다 삼키고 또 삼켰던 말들
상공에서 모두 정화되어
말문이 하얗게 터진 걸까

세속의 무수한 죄를 덮으려
거짓으로 얼룩진 시대를 지우려
눈은 저토록 쉴 새 없이 내릴까
눈 감은 채 펑펑 내리는 걸까

그 순백의 하염없음에
죄도 거짓도 모조리 정화되려나

백의민족의 혼을 다시 살리려
하늘이 푸른 눈 뜨고
치유의 하얀 씨앗 뿌리나 보다
죄가 너무 많아 온밤을 내리나 보다

안부 편지

한파가 절정을 딛고 선 이른 아침
그대의 안부가 궁금합니다
마음의 더듬이는 오늘도
그대에게 먼저 켜집니다

롱패딩으로 쌓인 기다란 몸
빼꼼 차디찬 얼굴만 내밀고
그대에게 안부를 묻습니다
최강추위 속에서도
붉게 떠오르는 아침 해처럼

하루에도 몇 번인가를
그대 시간에 노크하고 싶은 말
괜찮으시지요
잘 지내시지요
우리 사이 냉기류 같은 건
말끔히 밀어내 버리셨지요

그대 오늘도 밝은 평화를 걷는
활기찬 하루 되소서
기도 속에서만 머물던 그댈 향한 마음
오늘은 안부 편지로 띄워봅니다

북해도의 겨울

수북이 눈 쌓인 도로변
무릎과 허리까지 하얀 통증 앓아도
밝은 표정의 가로수로 선
북해도 삿포로의 겨울

'북해도의 후지산'이라는
요테이산의 눈 덮인 위용을 바라보며
니세코에서 스키를 즐기는 남녀노소
얼음 축제, 눈 축제로 세계 관광객들 붐벼도
고요히 가치가 드러나는
홋카이도의 빛나는 겨울 작품들

푸르게 숨 쉬는 가을 같은 겨울 하늘
수시로 검회색으로 변하면서
송이송이 춤추며 내려서는 천사들의 하얀 메시지

눈처럼 삶의 무게를 비우라
아픔과 분노는 고요히 묻으라
비울 건 비우고 묻을 건 묻으라
하늘이 내려주는 평안의 열쇠
하얀 눈으로 펑펑

공원 벤치

공원 한 모퉁이
누군가 쉬고 싶은 체중 맡기면
지친 몸을 잠시 펌프질해 주는 벤치

긴 세월 달빛과 바람이 앉아도
어머니의 무릎처럼 다 받아주는 의자
사계절 한결같이 누군가를 기다리는

지나가던 걸음이 눌러앉으면
지친 숨결도 삶의 무게도 받아주는 벤치
마음의 끈 풀고 들어선 그 시간
하나둘 떠오르는 애잔한 추억들
잡힐듯한 체온 아련해지는 풍경

잊었던 시간이 고삐를 당기면
추억의 잔해 부스스 털어낸 휴식이
황망하게 일상으로 돌아선다

하루를 지나는 생명과
계절을 건너는 생명들
모두에게 품 내어주는 공원 벤치

07

팔순 잔치는 계속된다

팔순 잔치는 계속된다

사랑도 기쁨도 희망도 함께하는
아직도 이만큼 건강한 삶

모두가 불행했던 전쟁 때문에
가난했던 소년 시절 지나
꿈을 좇던 청장년 시절에는
꿈대로 새벽을 밝혔던 내 삶

비밀 출장 갈 때마다 수십 번 썼던 유서
정치 격류 속에 억울한 옥살이도 겪었지만
국가의 많은 큰 일 이뤄낸 공직 생활 삼십여 년

육십이 채 되기 전
모든 공직 버리고 돌아온
고향집 어머니 품 같은 문학의 길
마침내 온전히 자유롭게
맑은 영혼, 불꽃같은 열정의 삶 이십여 년

그리하여 팔순 잔치는 계속된다
언제까지 행복한 날일 수 있으려나

저물어가는 또 한 해

시간이 뒷모습으로 저물어간다
빨리 왔던 시간들이
빨리도 지나간다
때맞춰 삭제하지 못한 그림자
궤도를 벗어난 생각의 옷자란 순
한없이 정체된 삶의 부유물도

잎마다 부푼 연초록 숨결
여름 소리의 푸른 이중주
억새 날리던 노을 진 언덕
펑펑 내리던 그리움 수천 송이
인간에게 쓴 계절의 연서들
하얀 바람으로 몰아오는 한 해의 끝자락

자화상에 구름 낀 부끄러운 조각도
꿈처럼 놓쳐버린 소유도
누군가 탓하거나 미워했던 어둠도
이젠 모두 망각의 강물에
거품처럼 사라져 가게 하소서
켜켜이 쌓인 슬픈 추억 훌훌 털고
온정과 사랑으로 마무리 짓게 하소서

설날의 추억

소복하게 쌓인 하얀 눈처럼
소복하게 담긴 설날 이야기
세월이 흐르고 흘러도
기억 뒤편으로 사라질 수 없는 정경들

그 시절 6형제의 설맞이
왁자한 듯해도 두근거리는 설렘이었다

아무리 힘들어도 양말과 옷은 제각각
설빔으로 준비해 주신 어머니의 마음 한가득
강추위에 두루 세배 다니며
새긴 덕담과 함께 세뱃돈 세던 재미
멋진 미래 꿈꾸던 결의에 찬 그 시절
우리들의 꿈도 함께 영글어 갔는가

설날 맞아 해마다 쌓아 둔
설빔과 복돈과 덕담
그 속에 오간 따뜻한 인정 덕분에
오늘의 내가 새로운 설날을 맞는 건 아닐까
소복한 눈처럼 정겨웠던 그 시절이 그립다

가을의 기도

잎도 색도 열매도 돌아눕는
가을의 비어버린 뒷모습엔
쥔 것들 모두 놓고 먼 길 떠나신
어머니의 야윈 손이 보인다
희미한 내 유년은 어떠했을까

강보에 싸여 있던 첫울음
내 고독의 시원(始原)은
원초적인 것인가

정해진 수많은 역(驛)을 외롭게 지났지만
흰 구름 되어 갈 곳 잊은 채
마음 가는 대로 떠다니고 싶은 가을

바람 멈춰서 구름이 발 내린 그곳
풋내로 떠돌던 아픈 내 사랑도 방랑 멈추고
고요히 뿌리내리게 하소서

가을에는 마음의 기도로
가슴이 풍요로워지게 하소서

시기, 원망, 명예욕으로 상처가 된 말들도
용서하게 하소서
낙엽 지는 가을에는 어머니의 품처럼
우리 모두 평안하게 하소서

가장 좋은 건강보조식품은?

젊음이 헐거워진 자리마다
홀로 못 서는 지팡이 같은 건강보조식품들
어두워지는 삶의 모퉁이에 하나둘 들어선다

뇌에 좋다는 견과류 한 줌
뼈에 좋다는 멸치랑 치즈랑
혈관에, 근육에, 눈에 좋다는 행렬들

그 식품들 빈자리마다 채우려는
별의별 건강보조식품들
비타민, 징코민, 오메가3, 단백질
촉촉하게 눈 밝힐 인공눈물 한 방울

저마다 효과는 다르지만
몸속에서 행성처럼 돌면서
건강에 믿음을 심어 줄지라도

아침마다 산책하는 두 발의 힘
헬스장에서 키우고 지키는 근육들

눈과 귀, 혀 운동까지 챙겨보는 정성
꾸준한 운동이 푸른 생명벨트 같은
가장 좋은 건강보조식품 아닐까

현대판 정월 대보름

밝은 대보름달이 떴습니다
유년의 밤부터 오늘 밤까지
늘 같은 자리 마음에 뜬 달

누구에게든 고루 비춰 귀 열어줘
온갖 소원을 빌게
만복 소복이 담은 둥근 달

부럼과 오곡밥과 각종 나물
카톡으로도 여러 사람이 가득 챙겨 주니
마음이 먼저 불러 넉넉해지는 날
1년분 액운은 이미 깨졌겠지요

쥐불놀이, 연날리기, 제기차기
유년의 대보름날 풍경 몇 장
오늘 보름달 속에도
받은 카톡 이모티콘, 사진에도 겹쳐 피어나
애써 소원 빌어보는 정월대보름

노래마다 깃든 절절한 마음

감정에 건반을 얹어놓아
한 음절씩 풀어내는 노래

기쁨도 아픔도 그리움도 외로움도
때로 절절한 외침으로
때로 감미로운 속삭임으로
감정의 창을 두드리는 선율

방송에서, 버스킹으로
노래방에서, 홀로도 흥얼흥얼
들으면서 부르면서
감성의 비늘을 건드리는 걸까

가슴 흔드는 애절한 사연과 바램
빛깔과 깊이는 달라도
걸어온 삶 굽이굽이 풀어내는 외침들
노래마다 영혼이 실려있구나

오늘 내 마음의 노래 코드는 뭘까
휘영청 달빛도 내 마음 읽는 밤

난청, 사라져 가는 것들

점점 멀어져 간다
내 가슴 한복판에 살던
사랑하는 목소리들이

눈빛 대신 입 모양을 주시해야만 하는
청각세포의 서글픈 뒷걸음질

날마다 힘들어지는 소리의 통로
미끄러져 빠져나간 소리 대신 자라나는 벽
내 생각까지 읽던 그 사람도, 가족도
사라지는 소리처럼 멀어져 가려나

오늘은 무엇이 지워지려는가
풀벌레 울음이 멀어지는 중이다
얼마 안 남은 이 계절이
소리처럼 멀어져 간다

사랑하는 사람들의 소리가
아득히 멀어져간다
사라지는 소리처럼
가족도 그 사람도 지워지는 중일까

CCTV의 눈동자

누군가 날 지켜보고 있다
누군가 너도 지켜보고 있다

은밀하게 응시하는
명탐정의 눈동자
숨소리까지 사로잡을 것 같은 덫

거리마다 시간마다 도사린 표정
지나가던 바람도 목덜미 잡아
증인으로 채택하려는 걸까

블랙박스까지 증인으로 자청하니
잠시 끊긴 동선도 뚜렷해질 수밖에
점점 좁혀져 가는 포위망

범죄와 내통하는 표정과 숨소리마저
조용히 채집하는 눈동자 덕분에
가정은 평온하고 도시는 안전하였던가

어머니 그리운 내 고향

고향 떠나 멀리서
하루 하루 생활에 쫓기면서도
어릴 적 고향 친구
정다운 고향 거리
보고 싶은 어머니
그리운 내 고향

친구들과 다투던 학교 앞 골목길
금지된 강가에서 멱감던 그 시절
갈치구이 된장찌개
어머니의 따스한 밥상
이젠 모두 떠나가고 변해버렸지만
어머니 내음 나는
가고 싶은 내 고향

아 그리운 어머니
가고 싶은 내 고향

08

큰 스승, 겨울 산

큰 스승, 겨울 산

비우고 또 비워
잎도 새들도 길 떠나고 없는
끝없는 적막 품은 산
하늘도 텅 빈 채 내려다본다

모든 소리 삼킨 설산(雪山)
한 방울 물도 비워버린 나뭇가지
삭정이는 모두 눈의 무게로 가라앉히고
마지막 푸르름으로 나이테 짓는
저 자연의 신비한 힘을 보라

모든 소유, 모든 욕심 버리면
갈 길이 선명해지리라
허허로운 골짜기마다 부는 바람 소리로
우리를 이끌어가는 큰 스승, 겨울 산

민족시인 한용운의 빛과 향기

동학농민운동에 가담했으나 실패하고
백담사의 승려가 된 청년 만해(萬海)
독립선언서에 서명한 죄로
3년 형을 선고받은 3·1운동 민족 대표

나라 잃은 슬픔을 연인과의 이별로 승화시켜
'만날 때 떠날 것을 염려하는 것처럼
떠날 때 다시 만날 것을 믿는다' 고
이별과 소멸 속에서도 만남과 생성을,
절망 극복하려 희망을 노래한 님
빼앗긴 조국을 되찾고자
끊임없는 저항과 광복을 다짐하던 님

님이 침묵할 수밖에 없던 상실과 모순의 시대
'님은 갔지만 나는 님을 보내지 아니하였다' 고
조국 광복과 민족 주체성을 강조한
은유와 역설(逆說)의 시학
생명에 대한 가없는 사랑
자유, 평등이라는 인류사적 대의를 딛고
평화를 역설(力說)한 시인

평생 갈구하던 광복을
1년여 앞두고 쓰러지신 님이시여
오호! 독립운동가, 민족시인 한용운!
분단과 갈등, 대결로 찢겨진 이 시대에
만해의 빛과 향기는 우리가 되살려야 할
정신사적 에너지가 아닐까

아아 님은 지금도 여전히
우리 곁에 머뭅니다

낙엽의 울음소리

우주의 질서인 듯 정해진 자리마다
줄지어 태어난 나뭇잎들
때로는 살랑살랑 때로는 온 힘 모아
계절 따라 그 빛깔 지킨 생명 한 잎 한 잎

하나하나 외로이 매달렸다가
빛났던 이름들 놔 버리니
바닥에서 겹겹이 만나는 낙엽

잎마다 소리 삼킨 울음들
허무함에 몸부림치는 잎들의 울음인가
긴 그리움으로 방황하는
인간의 고독한 울음 대신 우는가
이정표 잃은 어지러운 시대의 울음인가

삶의 무게 모두 버린 채 우수수 바스락 소리
늦가을 낙엽의 신음소리
탐욕도 원망도 모두 내려버리라고
빈 몸으로 우리를 가르치는구나

겨울 산에 밤이 내리면

잎도 온기도 없는 깊은 고요
발아래 계곡 멀리 희미한 불빛들
엄동의 바람 속 작은 암자에
칠흑 같은 밤

장엄한 소리를 내며 우는 산
나도 따라 우는 밤
지나온 힘든 세월 잘 견뎌 온
스스로가 대견해서

발마다 따라오는 산의 아찔한 바닥
이승과 저승의 경계는 희미해질지라도
그대, 의식을 힘껏 붙잡으라
호흡도 맥박도 단단히 짚어라
아파도 딛고 건너야만 하는 시대

시대를 대신해서 우는 걸까
겨울 산은 밤마다 울고 있다
나도 따라 울고 있다

수국

초여름 산기슭에
동네 산책길에 물가에
은은하게 풍겨오는
둥근 웃음

수국 너는
장미처럼 화려하진 않지만
시골 처녀의 수줍고도
깨끗한 웃음이다
백목련처럼 고결하진 않지만
도회 총각의 듬직한
진실 같다

흰 빛깔로 태어나
청색으로 변하더니
이내 붉은색으로
돌아눕는 너
흙의 성분에 따라
표정 바뀌는
변덕쟁이인가

처녀의 진심 어린
꿈인가

무수히 작은 꽃들이 모여
둥근 웃음 피워내는
수국
모난 세상 사는 법을
가르쳐 준다

침묵의 가치

밖으로 흩어져 나간
나의 말을 뉘우친다

오늘도
하지 않아도 될 말로
참을성 없는 목소리로도,
말은 내가 그은 선(線)을 넘었구나
수많은 삶이 고달픈 이 세상
나 자신마저 소음(騷音)으로 떠돌다니

'침묵은 사람의 영혼을 울리는 바탕이요
신뢰의 기초가 된다'고
'세상에서 가장 불행한 사람은
사상의 수입보다
담화의 지출이 많은 사람이라'고
'입에 말이 적으면
어리석음이 지혜로 바뀐다'고 했는데

왁자한 시대를 뚫고
소리 없이 바람이 분다
먼 고승(高僧)이 법문 대신
바람 한 줄기 보냈을까

대나무 숲, 직립의 절개

푸른 도포 자락 가볍게 흔들며
꼿꼿한 성품으로 서서 버틴 세월

지상에 수직으로 발 뻗고
하늘 향해 곧게 나란히 선 채
지조 지키는 푸른 선비들

어려서는 죽순나물로 상 채우고
자라서는 생활 도구로, 건축자재로,
붓대로, 악기로 예술 작품으로
여름 한 자락 내쫓는 부채로도

나이테 가득 고인 흔들림보다
비어 있어도 당당하고 올곧은 선비
속은 결코 흔들리지 않는 그들의 직립
그 푸른 절개 지켜 주려
맑은 바람 소리도 비켜 불고 있다

애완견으로 왔다가 유기견으로 가는 시대

주인을 거느린 애완견의 산책길
신하들이 왕의 발걸음에 맞추듯
애완견 산책길마다 시중드는 주인

호기심 어린 후각의 서행과 멈춤도
다른 종과의 눈 맞춤과 스킨십도
예정과 달리 길어지는 운동시간

격조 높은 동행을 위한 미용실행
사회성과 에티켓을 위한 유치원행
해외여행에도 발 묶인 채
부모보다 애완견이 상전이 된 세상

자녀 대신 입양된 딩펫족* 부부에게도
가족 대신 위안이 되는 독거노인에게도
상대가 없어도 아쉽지 않은 비혼주의자에게도
그 촉감과 그 순종, 주인 향한 그윽한 응시도
주인의 감정을 미리 읽는 진정한 반려 상대

주인에게 스며든 애완견의 삶이지만
애완견에게 스며든 주인의 삶이지만
명절연휴나 휴가철에 버려지기도 하는 유기견들
병들고 나이 들면 버려지기도 하는 유기견들
양심마저 유기하는 시대가 서글프다

* 딩펫(dinkpet)족 : 자녀를 낳지 않는 맞벌이 부부를 일컫는 딩크족(DINK
  : double income no kids)과 애완동물(pet)의 합성어.

북해도 눈(雪) 축제

눈의 천국이라는 북해도의 눈 축제
또다시 보고 싶어 찾아온 이곳

산에도 들에도 거리마다 건물마다
수북수북 쌓인 순백의 눈 세상 속
지난날의 아픈 상처 슬픈 추억들
모조리 묻고 싶다

나풀나풀 펑펑 내리는
백의의 천사와 함께
아름답게 쌓고 싶은
새 사연 새 추억

스스키노 거리에서
투명하게 빛나는 세계 얼음 조각상
신비로운 환상의 세계
시코츠 호숫가의 얼음파도축제
화려한 불빛, 내리는 밤 눈 속에
오도리 공원의 갖가지 눈 조각상

세계에서 모여든 수많은 눈동자들
설레는 두 눈 속까지 찾아오는
촉촉한 하얀 천사들

오! 잊을 수 없는 북해도의 눈축제

엄혹한 시대. 민족의 저항시인 이상화

빼앗긴 들, 빼앗긴 이름
민족혼마저 빼앗길 수 없어
꿋꿋하게 어둠을 저항한
민족시인이자 문학평론가요 번역문학가 교육자

처참한 현실 속에 참다운 삶을 잃어버려
고통과 슬픔이 마디마디 자라던 시대
흔들림 없이 저항하며 지조 지켜
조국 되찾으려 온몸으로 노래한 독립운동가

하늘은 굳게 입 다물고
봄조차 느낄 수 없는 허허로운 들판
웃음과 설움이 어우러진 사이로
혼을 일깨우려 부르며 찾으며
풋내를 띠고 하루를 걷는 시인

암울한 시대를 꿰뚫어 통곡하듯
혼이 담긴 저항시들만 유족처럼 남기고
하늘과 들이 맞닿은 소실점 속으로
영원히 사라져 간 불꽃의 43년 생애

민족혼과 시대정신 품은 그의 시(詩)
되찾은 땅 들녘에 서면 사계절 내내
민족의 가슴에 바람 되어 불어온다
고향 대구 들녘 넘어서서 한반도 들녘에

靑民 박철언 시인 프로필

- 아호 : 청민(靑民), 대구초등학교, 경북중 · 고등학교 졸업
- 서울대학교 법과대학(1965 수석졸업)
- 서울대학교 사법대학원 졸업(법학석사)
- 제8회 사법시험 합격, 군복무(1969~1972 육군법무관)
- 미국 조지 워싱턴 법과대학원 및 조지타운대학교 수학
  (1976~1977 공법 · 노동법 · 형사실무연구)
- 법학박사(1990 한양대학교, 헌법학 분야)
- 명예법학박사 학위취득(1991 미국 펜실베니아주 디킨슨 법과대학교)
- 부산 · 서울지검 검사 및 서울지검 특수부장검사(1972~1985)
- 청와대 정무비서관, 법무비서관(1980~1985)
- 검사장(1986 법무연수원 연구위원)
- 국가안전기획부 특별보좌관(1985~1988)
- 북방정책 · 통일정책 수행을 위해 북한 · 헝가리 · 체코 · 소련 · 중국 · 베트남 · 라오스 등 미수교국을 수십 차례 비밀출장(1985-1991)
- 대통령 정책보좌관(1988~1989)
- 정무장관(1989~1990)
- 체육청소년부 장관(1990~1991)
- 13, 14, 15대 국회의원(대구 수성갑)
- 김영삼 정권의 정치보복으로 투옥(1993. 5~1994. 9)
- 시인(1995 월간순수문학 등단), 서포(김만중)문학상 대상(2005),
  순수문학 작가상(2005), 순수문학 대상(2011), 세계문학상 대상(2013),
  영랑(김윤식)문학상 대상(2014), 시세계문학상 대상(2015),
  문학세계문학상 대상(2018), 김소월문학상 본상(2018),
  한국문학사를 빛낸 문인 대상(2022), 윤동주문학상(2024)
  제1회 윌리엄 예이츠 문학대상(2025)
- 일본 도까이 대학 객원교수(동아시아문제 연구, 1999)

- 미국 보스톤 대학 아시아 경영연구소 객원교수(2000.6~2001.9)
- 건국대학교 언론홍보대학원 석좌교수(2006.3~2011.2)
- 한반도복지 · 통일재단 이사장(1987~현재),
  (사)대구경북발전포럼 이사장(2001~현재)
- 변호사(2001~현재), 한국문인협회회원, 국제펜클럽한국본부회원

▶ **저서**

〈언론의 자유와 국가안보의 상충과 조화에 관한 연구〉(박사학위 논문)
『변화를 두려워하는 자는 창조할 수 없다』(1992, 고려원)
『4077 면회 왔습니다』(1995, 행림출판), 『옥중에서 토해내는 한』(일
　본어판, 1998)
『작은 등불 하나』(시집2005, 행림출판)
『바른 역사를 위한 증언』1권, 2권(2005, 랜덤하우스 중앙)
『따뜻한 동행을 위한 기도』(시집2011, 평민사)
『바람이 잠들면 말하리라』(시집2014, 순수문학사)
『산다는 것은 한 줄기 바람이다』(시집2018, 천우)
『오늘이 좋아 그래도』(시집2022, 천우)
『바람을 안는다』(시집2024, 월간문학)

▶ **훈장**

보국훈장 천수장(1980), 청조근정훈장(1990), 헝가리 십자공로훈장(2019)

- 독일 막스 프랑크 연구소(1981), 중국 북경대학(1990)초청 특별연설
- 서울대, 고려대, 연세대, 한양대, 경희대, 국민대, 경기대, 전남대, 목
  포대, 제주대, 장로회 신학대학교 등 전국 수십 개 대학에서 초청 특
  별강연 (1978~2025)

에/필/로/그

평론가 김왕식
靑民 박철언 시인의 삶의 무게와 시의 향기

시인 정해란
靑民 박철언 제7시집 『왜 사느냐고 물으면』 감상 시

청민 박철언 시인의
삶의 무게와 시의 향기

김왕식 (**평론가/시인/수필가**)

[1] 들어가는 말

청민 박철언 시인의 제7시집 『왜 사느냐고 물으면』은 단순한 시집 출간을 넘어, 한 인간의 치열한 체험과 고백이 응축된 기록이자 한 시대의 정신 연대기를 담아낸 문학적 결산이다. 그의 시를 펼치는 순간 우리는 서정의 차원을 넘어, 고난과 성찰, 절망과 회복이 교차하는 내면의 노정을 마주하게 된다. 시 한 편 한 편은 개인의 토로를 넘어 삶 전체의 응축으로 다가오며, 문학이 곧 생존의 방식임을 확인시킨다.

박철언 시인의 문학적 뿌리는 고교 시절 '청맥' 동아리에서 시작되었고, 대학 시절 전혜린 등과 함께한 독일문학회에서 릴케·헤세·니체·괴테의 언어와 사유 속에서 깊어졌다. 그러나 그의 길은 문학에만 머물지 않았다. 검사와 장관, 정치인의 삶은 그를 권력의 소용돌이 속으로 내몰았고, 영광과 고독이 교차하는 공직자의 길은 마침내 정치적 추락과 482일간의 옥중 체험으로 이어졌다. 절망의 밑바닥에서 그는 언어를 붙잡음으로써 시인으로 다시 태어났고, 그 체험은 이후 그의 문학을 지탱하는 원동력이 되었다.

첫 시집『작은 등불 하나』는 고통 속에서 피어난 생존의 불씨였고, 이어진 여러 시집은 그의 삶의 궤적을 증언하는 기록이었다.

오늘의 제7시집은 고난을 견디며 다시 살아낸 언어의 집약이다. 이번 시집의 의의는 두 가지로 압축된다.

첫째, "왜 사느냐"라는 근원적 질문에 정면으로 응답한다는 점이다. 그는 삶의 이유를 거창한 성취가 아닌, "듣고, 걷고, 봉사하며, 글을 쓰고, 사랑할 수 있음." 속에서 찾으며, 결국 "살아야 할 이유는 이미 넘치고 있다."라고 선언한다. 둘째, 문학을 통한 자기 구원의 기록이라는 점이다. 그는 언어를 붙잡아 스스로를 살렸고, 그 고백은 독자에게 위로와 연대로 확장되었다.

따라서『왜 사느냐고 물으면』은 개인의 고백을 넘어 우리 모두의 질문이자 응답이며, 고통 속에서도 삶을 긍정하려는 숭고한 의지의 기록이다.

[2] 본론

1. 삶에 대한 근원적 물음
— 제1부 왜 사느냐고 물으면

제7시집의 첫 장은 곧 시인의 문학적·정신적 선언문이라 할 수 있다. 대표작 「왜 사느냐고 물으면」은 누구나 품을 수 있는 단순한 질문을 바탕으로 하지만, 시인은 그것을 실존적 고백과 성찰의 언어로 승화시킨다. "보고 들을 수 있으니까", "걸을 수 있으니까"라는 응답은 겉으로는 사소하고 일상적인 기능에 불과하다. 그러나 시인의 언어 속에서는 그것들이 외려 삶을 지탱하는 가장 본질적 이유로 전환된다. 삶은 거창한 업적이나 사회적 성취에 의해 비로소 의미를 얻는 것이 아니라, 살아 있음 자체가 이미 존엄하다는 자각이 이 시의 핵심이다.

특히 "아직 못다 한 사랑이 있으니까"라는 구절은 단순한 정서적 고백을 넘어, 타인을 향한 자기 비움과 헌신의 윤리로 확장된다. 불교의 공(空) 사상과 기독교적 사랑이 교차하며, 삶의 허무를 극복하는 근원적 힘으로 자리한다.

제1부에 실린 다른 시편들, 「첫 태양의 심장소리」, 「보통 사람들에게 바치는 노래」 등 역시 같은 맥락에서, 삶의 단순한 행위와 존재의 소박한 순간 속에 충만한 의미가 있음을 일깨운다. 따라서 제1부는 단지 시집의 시작이 아니라, 전체 작품의 정신적 주춧돌이자 시

인이 평생 걸어온 삶의 응축된 고백이라 할 수 있다.

2. 시간과 역사에 대한 응시
— 제2부 새벽과 아침 사이, 제3부 인생은 강물 같은
　　것인가

제2부와 제3부는 개인적 서정을 넘어 역사와 사회의 집단적 기억을 증언한다. 「혼돈의 나라, 지쳐가는 국민들」은 정치적 혼란과 사회적 불안 속에서 피폐해진 민중의 현실을 직시한다. "시간아 천천히"라는 호소는 단순한 바람이 아니라, 빠르게 소진되는 생명을 붙잡고자 하는 절규다. 시인에게 시간은 누구에게나 공평한 흐름이지만, 고통을 겪는 이들에게는 잔인한 속도로 흘러간다. 「성수대교 가로등」, 「얼어버린 한강」은 단순한 풍경을 넘어, 시대의 상처와 집단적 비극을 드러내는 기호로 기능한다. 무너진 다리, 얼어붙은 강은 곧 우리 사회가 겪은 분단과 상실, 근대화의 그늘을 상징한다.

그러나 시인은 그 상흔을 단순히 재현하는 데서 멈추지 않고, 역사의 어둠을 증언하면서 동시에 내일을 향한 기도를 놓지 않는다. 그의 언어는 체념이 아니라 희망을 전제한 기록이다.

제2부 「새벽과 아침 사이」라는 제목 자체가 어둠과 빛 사이의 경계, 고통과 희망의 이행을 상징한다.

따라서 이 두 장은 시인의 개인적 체험을 넘어, 한

시대를 살아낸 공동체 전체의 증언록이자 민족적 회고
록으로 읽힌다. 시인이 노래하는 시간은 단순히 흐르
는 물리적 시간이 아니라, 상처와 치유가 맞부딪히는
역사적 무대다.

3. 자연과 존재의 합일
— 제4부 해변의 나그네 삶은 어디쯤, 제5부 달을 향
한 연가

시집의 중반부는 자연과의 교감 속에서 인간 존재의
본질을 성찰한다. 청민 시인에게 바다, 달, 별, 노을은
단순한 풍경이 아니라 자기 존재를 비추는 거울이다.
「바다와 벤치」에서 "외로워서 걷는다 / 내게 마지막 노을
이 오면"이라는 고백은 죽음을 예감하는 듯한 허무를 드
러내지만, 동시에 고독을 존엄으로 긍정하는 태도를 보
여준다. 바다는 무한을 상징하며, 그 앞에 선 인간은 유
한성을 자각한다. 그러나 시인은 유한성을 두려움으로
보지 않고 외려 평온히 받아들인다. 또한 「빛과 어둠의
공존 속에 피어나는 시」에서 "그 사람은 부재중"이라는
간결한 진술은 상실의 아픔을 담고 있으면서도, 부재 자
체가 오히려 존재의 본질을 드러내는 방식으로 작동한
다. 달과 별은 어둠과 빛이 교차하는 하늘 속에서 상실
과 희망을 동시에 품은 상징이다. 자연은 이처럼 모순된
진실을 드러내며, 인간 존재의 허무와 충만을 함께 비춘

다. 따라서 제4부와 제5부는 자연을 단순한 배경으로 소비하지 않고, 인간과 우주가 이어지는 합일의 장으로 재해석한다. 시인은 자연 속에서 고독을 삶의 지혜로 승화시키며, 존재를 우주적 차원으로 확장한다.

4. 인간관계와 존재의 허무
— 제6부 사랑은 눈처럼 왔다가

제6부는 인간관계와 허무의 문제를 다룬다. 눈은 사라짐과 소멸의 은유지만, 동시에 사랑과 기억의 표상이 된다. 「흰 눈 위에 쓰는 시, 사라진다 해도」는 덧없음을 상징적으로 드러내며, 인간의 삶 역시 순간처럼 사라져 가는 존재임을 보여준다. 그러나 시인은 거기서 멈추지 않고, 허무 속에서도 빛나는 흔적을 발견한다. 「어머니 목소리」, 「눈 내리는 날의 독백」 같은 작품은 끝내 지워지지 않는 사랑과 기억을 드러낸다. 눈은 녹아 없어지지만, 사랑으로 맺어진 관계와 기억은 사라지지 않고 삶을 지탱하는 힘이 된다. 또한 「안부 편지」는 소박한 인간관계의 진실을 보여준다. 편지를 주고받는 사소한 행위 속에 깃든 정성과 그리움은, 눈발처럼 사라져 가는 존재 속에서도 사람을 이어주는 끈이다.

청민 시인은 허무와 연대를 대립시키지 않는다. 외려 허무의 인식을 통해 연대와 사랑의 가치가 더욱 빛난다고 말한다. 결국 제6부는 인간 존재의 덧없음을 응시하면서도, 그 허무 속에서 사랑과 관계의 의미를 재발견한다. 허무에서 이끌어낸 사랑의 힘, 그것이 곧 그의 시가 제시하는 근원적 답변이다.

5. 노년과 성찰의 깊이
— 제7부 팔순 잔치는 계속된다

제7부는 노년의 성찰을 주제로 한다. 「팔순 잔치는 계속된다」라는 제목이 상징하듯, 팔순의 나이는 쇠퇴가 아니라 삶을 다시 해석하는 축제의 장이다. 시인은 전쟁, 공직, 옥중 생활을 지나 팔순에 이르러, 그 세월을 단순한 고통의 흔적으로 바라보지 않고 '잔치'로 재명명한다. "언제까지 행복한 날일 수 있으려나"라는 물음 속에는 세월의 무게가 담겨 있으나, 동시에 그것을 감사와 다짐으로 전환하려는 태도가 자리한다. 「가을의 기도」는 삶을 맑고 단정하게 살아가려는 기도를 담고 있으며, "가장 좋은 보조식품은 고향의 바람"이라는 표현은 유머러스하면서도 철학적인 깊이를 드러낸다. 노년의 삶은 더이상 집착과 번뇌의 연장이 아니라, 고향과 문학으로 돌아가는 영혼의 귀환이다. 고향은 기억의 자궁이자 존재의 근원이며, 문학은 영혼의 쉼터다. 따라서 제7부는 인생의 종결을 노래하는 것이 아니라, 새로운 시작을 선언하는 장이다. 삶의 무게는 이제 노래로 승화되고, 노년의 지혜는 성찰을 넘어 유머와 따뜻한 감사로 완성된다.

6. 민족과 시대정신
— 제8부 큰 스승, 겨울산

시집의 마지막 장은 개인의 삶을 넘어 민족적·인류적 차원으로 확장된다. 「민족시인 한용운의 빛과 향기」, 「저항시인 이상화」는 단순한 추모시가 아니라, 오늘의 현실에서 절개의 가치를 새롭게 불러내는 작업이다. "엄혹한 시대, 대나무 숲 직립의 절개"라는 구절은 일제강점기의 선각자들을 기리는 동시에, 오늘의 도덕적 좌표를 환기한다.

또한 「겨울산에 밤이 내리면」은 침묵 속에 깃든 성찰을 보여주며, 공동체의 고통을 함께 짊어진다. 여기서 겨울산은 고난의 상징이면서 동시에 영혼의 스승으로 자리한다. 개인의 서정은 이 8부에서 공동체의 기억과 민족적 정신으로 확장된다. 전쟁과 분단, 산업화와 민주화의 과정을 거치며 남은 민족적 상흔은 그의 시 속에서 다시 언어의 기록으로 남는다. 그러나 그는 절망에 머물지 않고 희망의 불씨를 간직한다. 한용운과 이상화를 불러내는 일은 단순한 추모가 아니라, 그들의 정신을 오늘의 문학 속에 되살려내려는 시도의 일환이다. 따라서 제8부는 시집 전체의 결말을 장엄한 울림으로 완성하며, 한 인간의 고백을 공동체와 인류 보편의 증언으로 승화시킨다.

[3] 맺음말

청민 박철언 시인의 제7시집『왜 사느냐고 물으면』
은 단순한 창작집을 넘어, 한 인간이 겪은 고통과 성
찰, 그리고 시대의 상흔을 응축한 문학적 결산이다. 여
덟 개의 장으로 펼쳐지는 이 시집은 개인의 고백을 넘
어서 공동체의 증언으로 확장되며, 허무와 절망을 직
시하면서도 끝내 사랑과 긍정의 언어로 나아간다.

시인의 삶은 곧 시대의 거울이었다. 전쟁의 상흔, 검
사와 장관의 길에서 마주한 권력의 무게, 그리고 482
일간의 옥중 생활은 그를 절망의 밑바닥으로 몰아넣었
다. 그러나 그 순간조차 그는 언어를 붙잡았고, 시는
곧 자기 구원의 끈이 되었다. 그의 문학은 체험의 기록
이자 생존의 증거였다.

이 시집의 핵심은 삶의 근원적 물음에 대한 정직한
응답이다. 그는 삶의 의미를 거창한 성취가 아니라 "듣
고, 걷고, 글을 쓰며, 봉사할 수 있기 때문"이라는 일
상의 이유에서 찾았다. 무엇보다 "아직 못다 한 사랑이
있으니까"라는 고백은 존재를 지탱하는 궁극적 힘을
보여준다. 불교적 공(空) 사상과 기독교적 헌신이 교차
하며, 시인의 성찰은 영적 깊이로 확장된다.

또한 그는 역사와 사회의 무게를 껴안는다. 「혼돈의
나라, 지쳐가는 국민들」은 민중의 피로를, 「성수대교
가로등」과 「얼어버린 한강」은 시대의 상처를 증언한다.
자연 또한 단순한 풍경이 아니라 존재의 거울로 기능

하며, 바다와 달, 별과 노을 속에서 허무와 희망의 양가성을 보여준다. 제6부에서는 눈의 이미지를 통해 허무를 응시하면서도 사랑과 기억의 지속성을 드러낸다.

노년의 성찰은 또 하나의 정점이다. 「팔순 잔치는 계속된다」에서 그는 세월을 쇠퇴가 아닌 축제로 승화시키며, "가장 좋은 보조식품은 고향의 바람"이라는 유머 속에서 철학적 위트와 여유를 드러낸다. 마지막 장에서는 한용운, 이상화 등 선배 시인을 소환해 민족적 연대와 시대정신을 오늘에 되살린다.

궁극적으로 이 시집은 우리에게 단순한 진리를 전한다. 삶은 허무하지만, 그럼에도 살아야 한다. 살아야 할 이유는 이미 넘쳐나며, 그것은 사랑하고, 기억하며, 연대하는 일 속에 있다. 『왜 사느냐고 물으면』은 한 개인의 문학적 결산을 넘어 시대와 인류 보편의 질문에 응답하는 숭고한 대답이며, 한국 문학사 속에 길이 남을 구원의 시학이다.

청람 **김왕식**

시인 · 수필가 · 평론가
전 서울 오산고등학교 국어교사
전 이투스 교육방송 언어영역 대표강사
현 청람 영재스쿨 설립 · 운영
현 도서출판 청람서루 대표
현 오케이뉴스 기자

청민 박철언 제7시집
『왜 사느냐고 물으면』 감상 시

정해란(시인)

[1] 숨결마다 바람결마다 불어오는 시의 스펙트럼

시의 숨결과 바람결마다
텅 빈 고요 속 충만한 평화로 번져오는 시
영성 한 줄기 터질 때마다 지성과 감성의 바람
뿌리에서부터 꿈틀거린다
물기 잃은 눈동자마다 위로하듯 나부낀다

첫 태양의 심장 소리에서 꺼내
두근거리는 희망과 평화의 메시지를 주는 시
새벽과 아침 사이 깨어나는 것들의 숨결 속
詩는 도시의 혈관과 맥박을 진맥해
따뜻한 시선으로 일어선다

비바람 맞는 나무도 '라 쿰파르시타' 탱고 춤으로
자연과 음악과 춤이 한 몸 된 은유로 품어낸 시
시 속에 눈 내리면 그리움도 펑펑 내려
옛사랑도 현재형으로 온몸에 뭉클 흐르는 감성
흰 눈처럼 용서도 평안도 내린다

소중한 인연도 이별도
애써 쥐거나 서두르지 말고 순응하라는 시
하얀 억새처럼 부드럽지만 굳세게 살라는 시
어머니의 품이 된 시가 모든 걸 넉넉하게 녹여준다
시의 발자국마다 공감으로 살아 흐른다

[2] 민족 얼을 담은 철학적 사유의 스펙트럼

단지동맹, 선명한 핏방울로 쓴 대·한·독·립
고귀한 투혼으로 일본의 급소 명중시켜
죽음마저 당당하게 빛나던 영웅 안중근
직시하여 가슴 뜨겁게 하는 청민의 시

조국 광복과 민족 주체성을
은유와 역설의 시학으로 풀어낸 한용운의 시
빛과 향기마저 찢긴 시대에 되살리려
행마다 안타까움이 녹아있는 청민의 시

저항하는 민족혼과 지조 일깨우려 해마다
암울한 시대 뚫고 고향 들녘 걷는 이상화의 시
달려가 정겹게 화답하는 청민의 시

현시대 한 줄기 빛으로 걸어둔 니체 철학에서
나약한 인간 본성을 통찰한 괴테의 파우스트까지
철학과 문학과 신학의 능선을 넘나들면서
국경 넘어서 우주까지 넓혀나가는 시인만의 세계관

언제든 숨 고르며 숨통 열어주는 그의 시와 인생

[3] 시대정신으로 승화한 인간애의 스펙트럼

이미 축복이고 그리움인 달을 향한 연가(戀歌)지만
직립의 절개를 지키는 대나무숲이 되어
고독과 사유가 날로 깊어지는 시
시류(時流)가 물길마저 엉켜 역류할 때는
은유도 상징도 벗어버리고
예리하고 통쾌한 시선으로 직진하는구나

애완견 사랑이 유기견처럼 유기되는 양심 풍자
현대판 명절의 카톡 안부를 해학으로 풀어낸 시
수렁에 빠진 폭염과 상실의 폭우 속에서도
희망의 푸른 길을 간절히 구하는구나

오염과 과욕을 씻어 흐르는 강물처럼
무소유와 침묵으로 새 생명 키우는 겨울 산처럼
성찰을 통한 기도의 힘이 자라나는 시
살아야 할 가장 큰 이유가
아직 못다 한 사랑 때문이라고
담백하게 비워 온기 가득 담아내는구나

얼음장 디딘 고통과 아픔도 따스하게 보듬어
생동하는 삶의 신비를 피워 올리는 시
나무의 사계로 선 어머니의 품, 詩의 四季
맑은 영혼, 가득한 열정으로 쓰는
시인만의 팔순 잔치는 영원히 계속되리라

정해란 시인

제4시집 『커피 한 잔의 고요가 깨어나면』(2025년 7월)
외 다수
제22회 〈세계문학상〉 본상, 제21회 〈탐미문학상〉 본상
해변시인학교 최우수상(1986년) 외 다수 수상
서울시 공립초등학교 교사 명예 퇴임
한국문인협회 및 국제펜클럽 정회원

문학세계대표작가선 1059

왜 사느냐고 물으면

박철언 제7시집

인쇄 1판 1쇄 2025년 9월 17일
발행 1판 1쇄 2025년 9월 30일

지 은 이 : 박철언
펴 낸 이 : 김천우
펴 낸 곳 : **문학세계** 출판부 / ^{도서출판} **천우**
등   록 : 1992. 2. 15. 제1-1307호
주   소 : 서울시 광진구 구의강변로 85 강우빌딩 7F
전   화 : 02)2298-7661
팩   스 : 02)2298-7665
http://cafe.naver.com/chunwu777
E-mail : cw7661@naver.com

값 15,000원

ISBN 978-89-7954-966-9